AF457419

Lk7
30
A.

2382

LA SECRETE POLITIQVE DES IANSENISTES ET L'ESTAT PRESENT DE LA SORBONNE DE PARIS,

DECOVVERTS PAR VN DOCTEVR,

LEQVEL AYANT APPRIS le Ianſeniſme lors qu'il eſtudioit en Theologie ſous la conduite d'un Profeſſeur qui l'enſeignoit publiquement, s'eſt enfin deſabusé, & ſuit maintenant le party des Catholiques.

BIBLIOTHEQUE ROYALE
1

A TROYES,
Chez CHRESTIEN ROMAIN, à la vraye Foy, prés la grande Egliſe.

M. DC. LXVII.

Ld 430 A (2)

L'IMPRIMEVR AV LECTEVR.

MONSIEVR le Chevalier de TROISPONTS *m'ayant communiqué cét Ecrit, que l'un de ses amis, Docteur de Paris, a composé depuis sa Conversion, pour satisfaire aux demandes qu'il luy avoit faites: I'ay crû que je ferois bien de l'imprimer, suivant la permission qu'il m'en a donnée, afin que les Catholiques evitent plus facilement les pieges des Iansenistes quand ils les auront découverts, & que Messieurs les Docteurs de Sorbonne, qui se sont laissez surprendre, imitent leur Confrere converti, & purgent leur Faculté du Iansenisme.*

LA SECRETE POLITIQVE DES IANSENISTES, A MONSIEVR LE CHEVALIER DES TROISPONTS.

LES progrez que le Iansenisme fait en France, m'étonneroient infiniment, s'il ne me souvenoit que le Calvinisme s'y est establi avec autant de facilité & de succez, comme d'Avila remarque fort bien dans son Histoire des guerres civiles: *Livre 1. edit. 2. à Paris, pag. 36. 37.* Il dit que les opinions de Calvin furent embrassées avec passion, & soûtenuës avec opiniâtreté par un grand nombre de personnes de toute sorte de conditions: Que sa doctrine avoit pour Siege principal la Ville de Genéve: Que delà sortoient les Livres qu'on y faisoit imprimer, & s'insinüoient dans les Provinces, des hommes d'esprit & fort éloquens, qui semoient cette doctrine. Qu'elle s'épandit avec le temps par toutes les Villes, & par toutes les Provinces du Royaume, bien que toutefois ce fût si secrétement, qu'on n'en voyoit en public que de foibles traces, & quelques legeres conjectures; *pag.* 38. Qu'en chaque Parlement il y avoit plusieurs Conseillers, qui estoient imbus de cette mesme opinion; Que desia une infinité de persones de l'un & de l'autre sexe avoient esté gagnées par les presches de Theodore de Beze disciple de Calvin, homme fort sçavant & des plus éloquens de son temps; Que plusieurs grands Seigneurs s'estoient pareillement laissez surprendre à cette creance; *liv.* 2. *pag.* 57. Qu'il y en avoit plusieurs mesme parmy les Prelats, que leur inclination portoit à prester l'oreille aux opinions de Calvin. *liv.* 1. *pap.* 36. La raison qu'il en apporte, est que les esprits des François sont naturellement curieux, & se plaisent aux nouveautez. Ie pourrois attribuer à la mesme cause, la propagation de cette nouvelle heresie, si nous n'estions dans un siecle si sçavant, qu'il n'est point d'erreurs que ses lumieres ne puissent dissiper, comme les rayons du Soleil détruisent les tenebres.

La merveilleuse Politique de ses Auteurs & de ses Sectateurs en merite asseurément toute la gloire; Et parce que vous desirez, MONSIEUR, que je vous en découvre les secrets, je vous feray connoistre par les lumieres que j'ay receuës lors qu'ils n'avoient pas sujet de me les cacher, & par les effets qui sont connus à tout le monde, les raisons qui les ont fait agir, & la maniere qu'ils ont pratiquée en l'achevement de leurs desseins, Mais pour garder l'ordre qui est necessaire, je montreray premierement la Fin qu'ils se sont proposée, & puis je declareray les moyens dont ils ont usé pour y parvenir.

La Fin que les Ianſeniſtes ſe ſont propoſée.

Quelques Auteurs eſtiment qu'ils ont voulu abolir la creance de l'Incarnation du Verbe Eternel, & de toutes les veritez qui en dépendent, c'eſt à dire tout le Chriſtianiſme. Les autres ſoûtiennent qu'ils veulent bien conſerver ſelon les apparences la Religion Chrétienne, mais qu'ils prétendent la détruire en effet, par le renverſement de ſa doctrine & de ſes Sacremens. Les autres publient qu'ils veulent eſtablir la Foy d'un Dieu ſeul, & ruiner les autres Articles que nous recevons. Chacun d'eux produit ſes raiſons ſi vray-ſemblables, qu'il perſuade ce qu'il avance. Il y en a un des plus ſçavans, qui a recuëilli de leurs Ecrits, de leurs predications, & de leur pratique dans l'adminiſtration des Sacremens, les propoſitions ſuivantes, ſans parler des cinq qui ont eſté condamnées.

1. Que depuis l'an 400. de IESUS-CHRIST, il n'y a plus de vraye Egliſe.

2. Qu'il faut abolir les indulgences, comme une invention humaine; le culte de la Vierge Mere de Dieu, des Saints, des Images; les Meſſes à baſſe voix; la confeſſion des pechez veniels; l'uſage de la ſainte Euchariſtie.

3. Que l'ignorance invincible & ſans affectation n'excuſe point de peché.

4. Que toutes les actions de celuy qui eſt en peché mortel, par exemple, ſes prieres, ſes aumônes, l'honneur qu'il rend à ſon Pere, &c. ſont pechez mortels.

5. Que tout ce qui ſe paſſe dans le mariage entre les perſonnes ſteriles par l'âge ou autrement, eſt peché mortel.

6. Que les Evesques cessent d'estre Evesques, les Magistrats d'estre Magistrats, &c. lorsqu'ils sont en peché mortel.

7. Qu'il faut suivre ce que les mouvemens interieurs suggerent contre les loix de Dieu, de l'Eglise, des Souverains, des Magistrats, &c.

8. Que les Prestres & les Curez sont égaux aux Evesques, & les Evesques aux Papes.

9. Qu'il faut faire une penitence proportionnée à ses pechez avant que d'en recevoir l'absolution; & que les malades mesmes qui se sont confessez avant que d'avoir fait une satisfaction égalle, sont obligez à faire une seconde confession.

10. Que delà vient qu'ils refusent l'absolution aux penitens qui ne sont point dans l'occasion prochaine du peché, & qui témoignent une ferme & sincere volonté de se convertir, les obligeant à faire auparavant ces penitences

11 Delá, encore, procedent les penitences extraordinaires & farouches, comme sont celles-cy qu'ils ont imposées à des vignerons, de ne boire jamais de vin: à des femmes, de se tenir plusieurs fois & plusieurs heures, le ventre nud sur la terre; ce qui a privé les unes de la raison, les autres de la vie; à des infideles, de demander pardon à leurs marys de leur secretres débauches; à des filles, de vétir des chemises trempées en l'eau, de faire en cét état une heure de prieres, & puis se mettre au lict.

Quoyque ces choses soient connuës à bien des gens; Neanmoins je ne veux écrire que ce que leurs Livres & les effets les plus ordinaires découvrent à tout le monde, afin que je ne sois suspect à personne.

Ie dy donc qu'ils veulent introduire dans l'Egliſe Catholique le Calviniſme : qui ne ſemble pas d'abord eſtre ſi contraire a Iesus-Christ, que le ſont les autres deſſeins, mais qu'il le détruit pourtant, & qui ne laiſſe à ſes Sectateurs que le nom de Chrétiens. Trois raiſons me le perſuadent.

1. Les Lettres de M. Ianſenius à l'Abbé de S. Cyran, imprimées par les ſoins du Sieur de Préville, revelent ce myſtere, & convainquent qu'il n'avoit l'eſprit occupé que du Calviniſme, & qu'il travailloit conjointement avec cét Abbé, à le rétablir.

2 Ceux, qui prendront la peine de faire les rapports de ſon Livre intitulé *Ianſenij Auguſtinus*, avec les Inſtitutions de Calvin, reconnoiſtront facilement qu'il a ſuivy ſa doctrine, ſes preuves, ſes raiſonnemens, ſes conſequences, &c. Deſorte que quand il ſe tient aux principes de cét Hereſiarque, il eſt d'accord avec ſoy-meſme ; & quand il s'en éloigne, il ſe contredit en pluſieurs dogmes.

3 Les Informations faites juridiquement contre M. l'Abbé de S. Cyran ; ſon Cathechiſme de la Grace ; ſon Livre des Vœux, & les autres ouvrages qu'il a donnés au public ſous des noms empruntez prouvent clairement qu'il faiſoit plus de voyages à Geneve qu'à Rome, & qu'il preferoit les erreurs de l'une à la Foy de l'autre.

Or puiſque les Auteurs du Ianſeniſme ont rempli leurs Lettres & leurs Livres de la doctrine des Calviniſtes, ne faut-il pas conclure qu'ils pretendent donner entrée au Calviniſme en l'Egliſe de Iesus-Christ ? Et veritablement les cinq Propoſitions condamnées par les Souverains Pontifes, ne contiennent que le Calvinisme renfermé tout entier dans ses cinq Principes, comme la racine, le tuyau, l'espy, & le bled sont renfermez dans le grain de froment que l'on séme. Aussi, dans leur Lettre Circulaire, qui est imprimée dans le Livre de M. de Marandé, *Des Inconveniens d'Estat procedans du Iansenisme*, avec les moyens & les instructions, qu'ils addressent à leurs Sectateurs, pour etablir heureusement leurs dogmes, ils disent que *la Fin principale de leur Vnion est de remedier aux abus & desordres, qui se sont glissez en l'Eglise depuis S. Augustin, par l'ignorance de son excellente doctrine.* Or par la doctrine de ce S. Docteur ils entendent celle de M. Iansenius, qui s'est servy, comme a fait Calvin, de son autorité, & qui s'efforce de persuader qu'il n'a point de sentimens differens des opinions de ce S. Pere.

LES MOYENS

Pour parvenir à cette Fin.

PREMIER MOYEN.

Retrancher du Calvinisme les propositions odieuses.

LE Calvinisme estant devenu fort odieux aux Catholiques, les Iansenistes ont jugé prudemment qu'il estoit necessaire d'en retrancher les choses qui en ont détourné jusques-icy les peuples. C'est pourquoy ils ont rejetté ces propositions: Que Dieu est auteur du peché; Que le Corps de IESUS-CHRIST n'eſt qu'en figure dans l'Euchariſtie ; Qu'il n'y a que deux Sacremens ; Que le Pape eſt l'Ante-Chriſt ; Que le Culte des Images eſt une Idolatrie ; Qu'il ne faut pas invoquer la Vierge Mere de Dieu, ny les Anges, ny les Saints bien-heureux ; Qu'il n'y a point de Purgatoire ; Que la Meſſe eſt une abomination, &c. Ils ont retenu, au contraire, les Preſtres, le Celibat, la Meſſe, les ſept Sacremens, les Ceremonies & les Ornemens Eccleſiaſtiques, le Pape, la Hierarchie, toutes les choſes enfin qui ſont populaires. Parce que le peuple aime tout ce qui frappe les ſens & excite de cette maniere ſa pieté. De plus, parce qu'il eſt accoûtumé au gouvernement du Pape, des Eveſques, &c. à l'uſage des Sacremens de la Meſſe, &c. Enfin parce que l'experience a montré aux Calviniſtes, que l'abolition de ces choſes a eſté un grand obſtacle à la propagation de leur Secte. De ſorte que les Ianſeniſtes ayant ainſi reformé le Calviniſme, l'ont fait receuoir ſans horreur & meſme ſans défiance, aux gens ſimples & faciles à prendre les impreſſions qu'on leur donne, ſans reconnoiſtre ſes ſubtils déguiſemens.

II MOYEN.

Demeurer dans la Communion de l'Egliſe.

Ils ne doutoient pas neanmoins que le temps qui découvre les choſes les plus cachées ne fit enfin connoiſtre leurs artifices, & n'étouffaſt leur entrepriſe en ſon berceau : Que ſi-toſt que les Catholiques verroient les traces du Calviniſme, ils le rejetteroient avec execration ; & que *Calvin ayant une bonne cauſe*, comme parloit l'Abbé de S. Cyran, *l'avoit mal détenduë*; parce qu'il n'avoit pas eu l'addresse d'eviter le nom d'heretique, ainsi qu'il eût pû faire, s'il n'eût point abandonné exterieurement la Communion de l'Eglise. C'est pourquoy ils établirent cette Maxime fondamentale de leur Politique, *Qu'ils ne sortiroient jamais de l'Eglise Catholique*, & consequemment qu'ils reconnoîtroient le Pape, & se soûmettroient apparemment au gouvernement Hierarchique. Cette importante Resolution fut, aussi, fondée sur ces raisons, qu'ils estimerent convainquantes. 1. Que Pelagius, Macedonius, Eutyches, les Donatistes, & tous les Fondateurs de nouvelles Sectes qui ont esté les plus prudens, ont constamment conservé le nom & les apparences de Catholiques, & en ont remporté les avantages qu'ils avoient souhaittez. D'où ils inferoient qu'ils devoient les imiter, & qu'ils auroient asseurément un pareil succez. 2. Qu'ils pourroient s'insinuër sans obstacles, en l'estime des Catholiques de toutes conditions & de tout sexe; dans les Communautez regulieres & seculieres; dans les Universitez & les Academies, dans les Cours Souveraines, & les autres Corps de Iustice; dans les Cours des Roys, des Princes, &c. Qu'ils pourroient parler, converser, prescher, écrire, diriger les consciences, &c. & de cette sorte, inspirer leur doctrine, établir leurs Maximes; se defendre contre leurs Adversaires, détruire leurs efforts, &c. éventer les desseins qu'on prendroit contre leur Secte, s'y opposer secrétement ou a force ouverte; semer des divisions, & pratiquer mille autres moyens & artifices, pour des-unir, & pour broüiller leurs ennemis. La raiſon eſt, que demeurant exterieurement unis à l'Egliſe, ils ne ſeroient point ſuſpects : Ils paſſeroient ſans difficulté pour amis ; ils feroient, cependant, ce que font les ennemis couverts des apparences d'une veritable & ſincere amitié. 3. Que les hommes qui ſont nés ou nourris dans les Societez civiles ou Eccleſiaſtiques, ne les quittent pas facilement pour paſſer dans les ſocietez étrangeres : & qu'ainſi pluſieurs heretiques, qui ſont convaincus de leurs erreurs n'oppoſent que cét obſtacle à leur converſion : Qu'il eſt bien plus mal-aiſé que les hommes renoncent à la vraye Religion pour embraſſer celle qu'ils eſtiment fauſſe, & qui detruit la Foy qu'ils ont juſques alors cultivée : Mais que ſi l'on conſerve la forme & les dehors de leur premiere ſocieté, ils s'engagent peu-a-peu dans les changemens qu'on y fait ouvrir ; comme il arrive que les Sujets ſouffrent dans les Eſtats, le changement des Loix, des Coûtumes & de tout le gouvernement, lors qu'on le fait par degrez, & qu'on retient en pluſieurs choſes les apparences des meſmes Eſtats. Et partant que ne ſortant point de l'Egliſe Catholique, ils changeroient petit-a-peu ſon ancienne doctrine, & feroient ſucceder en ſa place leurs nouveaux dogmes. 4. Que s'ils eſtoient condamnez par les Papes, ils pourroient, pour ſe garentir de cette flétriſſure, abandonner apparemment ce party, & le défendre ſecrettement ; Deplus, qu'ils conſerveroient dans leurs intereſts ceux qu'ils auroient gagnés avant leur condamnation. 5. Que ſi au contraire, ils ſe ſéparoient de l'Egliſe, leur nom ſeroit infame, leur converſation ſuſpecte, leurs

Livres rejettez, leur defenses mal-receuës; toute leur doctrine odieuse; & consequemment qu'il leur seroit impossible d'établir leur Secte. Ces sages raisonnemens n'ont point trompé leurs esperances, puis qu'ils font couler dans l'esprit d'infinité de Catholiques leurs opinions couvertes de ce sacré voile de l'Eglise.

III. MOYEN.

Le Secret inviolable, & la Dissimulation.

Mais parce que les Catholiques de ce siecle sont si éclairez, qu'ils verroient incontinent le poison du Calvinisme, quand il leur seroit presenté; Ils arrêterent entre eux, suivant la Maxime de l'Abbé de S. Cyran (qui disoit fort souvent, *secretum meum mihi, propter metum Iudaeorum, id est, Catholicorum*;) de le cacher de telle sorte, que les plus fins ne pûssent le découvrir. Ils proposerent donc plusieurs moyens pour luy donner les couleurs & l'air des veritez Catholiques, & ils jugerent que ceux-cy sont les meilleurs. 1. Publier que c'est la doctrine de S. Augustin 2. Ne la déclarer aux gens suspects, ou indifferens, ou contraires, qu'en termes ambigus. 3. N'avancer que certaines propositions obscures, de la Predestination de la Grace, de la Liberté, &c. sans s'expliquer, afin d'attirer la curiosité de ceux qui aiment les nouveautez. 4. Persuader qu'ils ne prétendent que reformer la doctrine relâchée de l'Eglise, & les mœurs corrompuës. 5. Traitter leurs adversaires de *Pelagiens*, & *Semi Pelagiens*; afin que les disputes ne passent que pour des questions

Scholastiques. C'est pour cét effet que Iansenius a écrit avec tant d'artifice au commencement de son *Augustin*, l'histoire de ces Heretiques: & qu'ils ont appellez *Molinistes* leurs ennemis. Or les raisons de cette procedure sont : Que peu de gens s'interessent dans les querelles des Particuliers: Que tous, au contraire, lisent avidement les ouvrages des deux Partys opposez, pour en juger: Que ne pouvant d'ordinaire demeurer neutres, ils s'engagent facilement dans l'un des Partys: Qu'ils prennent celuy de la nouueauté, lors principalement qu'elle a les couleurs d'une devotion extraordinaire, & les attraits du beau langage: Que les volontez estant gagnées, il est aisé de porter jusques dans l'esprit les lumieres de la nouvelle doctrine, parce que dans les disputes qui concernent la Religion, la volonté conduit d'ordinaire l'entendement, comme elle luy commande de se soumettre aux obscures veritez de la Foy. 6. Mais pour donner plus facilement le change aux Catholiques par le moyen de ces disputes pretendües particulieres; ils s'accorderent, de plus, de les faire passer pour la Doctrine & les disputes *des Thomistes contre les Iesuistes* Et de vray leurs Députez, qui defendirent leur cause à Rome devant Innocent X. le persuaderent au R. P. Dominicain, qui estoit Maistre du sacré Palais, & au sçavant Vvaddingue de l'Ordre de S. François : qui furent neanmoins desabusez & fort blasmez du Pape, d'avoir donné si imprudemment dans le panneau des Iansenistes, 7. Encore que ces moyens soiét efficaces, ils crurent pourtant que suivant la Maxime de quelques Italiens, qui disent, *Qu'il faut diviser pour regner*, & celle des heretiques, qui ont allumé la guerre dans les Estats Catholiques, afin qu'ils s'établissent seurement parmy les troubles publics. Il estoit necessaire d'exciter une guerre spirituelle entre les Catholiques, pour les diviser & les occuper à se combattre les uns les autres, & pour se ranger dans les intrigues & les desseins de ceux qui pourroient les favoriser davantage contre leurs ennemis. Voilà pourquoy l'Abbé de S. Ciran a écrit le Livre de la Hierarchie sous le nom de *Petrus Aurelius*, pour commettre les Prelats & les Prestres avec les Religieux. Ils ont encore émeu les Questions de la Messe Parroissiale, des Confessions pendant le temps de Pasques, de celle des malades; des Privileges des Reguliers; du Droit de diriger les consciences, &c. pour contraindre les uns à faire des courses dans le pays ennemy, & les autres à opposer leurs forces : au lieu de se joindre tous ensemble, & de détruire la nouvelle doctrine. Ils ne doutoient nullement que pendant ces broüilleries communes, ils n'établissent leurs opinions particulieres, & qu'ils ne recueillissent tout le fruit de ces guerres Civilles. 8. Veritablement il estoit bien difficile de penetrer dans des desseins si cachez : Le secret leur sembla neanmoins si important, que pour le rendre tout-a-fait inaccessible, ils resolurent, 1. D'affecter une éloquence pompeuse & déguisée, remplie de preuves embarassées dans des expressions illustres, mais d'un sens douteux & obscur. 2. De donner deux BIAIS à leurs desseins & à leurs opinions, afin de se tenir, selon les rencontres, à celuy qui seroit le plus commode. 3. De ne confier ce Secret qu'à vn ou deux bien acquis au Party, dans les Villes qui leur donneroient entrée. 4. De faire leurs assemblées en se promenant pour prendre l'air, lors qu'il est necessaire de déliberer de leurs affaires. 5. De ne point mettre leurs noms dans les Livres, qu'ils donneroient au public, afin de les desavoüer, lorsque l'interest du Party le demanderoit,

IV. MOYEN,

Estre Polis, & se mettre en Estime.

Les choses ayant esté concertées de cette sorte, ils penserent à se former eux mêmes, afin de se rendre plus propres pour executer leurs desseins. Ils tomberent d'accord, qu'ayant à converser avec le monde, ils se tiendroient tousiours bien proprement couverts: Qu'ils auroient soin qu'on pût voir beaucoup de politesse dans leurs paroles, & dans tout leur maintien exterieur: Qu'ils regleroient bien leurs mœurs, au moins quant à l'exterieur. & qu'ils pratiqueroient quelques mortifications, pour plaire à ceux qu'ils croiroient pouvoir gagner, & pour estre un préjugé de la bonté de leur doctrine: Qu'ils porteroient le peuple à quelques pratiques exterieures de pieté, comme d'assister & visiter les malades, les prisonniers, honorer le tres-saint Sacrement de l'Autel, pour éloigner le peuple de croire, que leur doctrine soit conforme à celle des Calvinistes: Qu'ils se loüeroient fort les uns les autres, Qu'ils feroient profession d'estre sçavans, & que pour en acquerir la reputation, ils parleroient beaucoup dans les Chaires & dans les compagnies, de la Predestination, de la Grace, & de S. Augustin; Que neanmoins quand ils seroient avec des gens plus sçavans qu'eux, ils ne diroient pas leurs opinions: Que s'ils les disoient, ils le feroient par forme d'une simple narration: & si on leur demandoit les raisons, ils répondroient par ce mot, *ô altitudo*, *&c.* ou bien, que S. Augustin est formel là dessus: & alors ils ajouteroient de grandes loüanges de ce S. Docteur, afin que l'on ne se donne pas la liberté de rechercher le sens de ses paroles: Que lors qu'ils parleroient des charmes & des douceurs de la Grace Victorieuse, ils diroient qu'on la connoit à de certaines marques, qui ne sont pas données à tout le monde, que d'abord ils ne diroient pas ouvertement ces marques, mais seulement qu'elles sont données à ceux qui en sont capables. Ce qui attireroit infailliblement les peuples au desir de les consulter sur les affaires de leur salut; d'où ils prendroient occasion de leur imprimer dans l'esprit les principes de leur doctrine.

V. MOYEN.

Gagner les Seculiers, & les engager dans leur Party.

Aprés qu'ils se furent ainsi preparez, ils tournerent toutes leurs pensées à trouver de l'appuy parmy les Catholiques; & comme ils ne pouvoient l'esperer que des Ecclesiastiques ou des Laiques, ils s'appliquerent à gagner *les Prelats, les Curez & les simples Prestres*, par ces moyens-icy: Leur rendre à chacun, selon

ſelon leurs degrez, tout l'honneur poſſible: Les loüer ſouvent ſans affectation neanmoins: Relever beaucoup leurs caracteres, leurs dignitez & leurs fonctions: Leur repreſenter obligeamment & avec quelque zele pour leur gloire, les obligations que Dieu leur impoſe, de gouverner les ames, de reformer la conduite preſente de l'Egliſe, de donner de l'éclat à l'Eſtat Eccleſiaſtique, & d'abbaiſſer les Religieux qui ont uſurpez par la direction ſpirituelle les Droits & les Exercices des Preſtres: Les encourager à faire des Predications, des Catechiſmes, des Conferences Spirituelles, pour acquerir la reputation de gens ſçavans & devots: Donner beaucoup de credit à leurs Livres & à leur direction, pour y attacher les peuples: Dire dans les compagnies, dans les Sermons, & dans les Liures, que les peuples ſont obligez de receuoir des Eccleſiaſtiques ſeculiers la direction de leur conſcience; Ietter des ſcrupules dans l'ame de ceux qui ſuiuent celle des Reguliers: Soutenir que les deſordres des Chreſtiens ſont venus du renverſement de cét ordre, & en produire les preuves, au moins vray-ſemblables, tirées auec quelque apparence de l'ancien gouvernement de l'Egliſe; afin de perſuader au peuple qu'on ne pretend que le rétablir: Offrir les ſecours temporels à ceux qui en auront beſoin: Conduire enfin les Preſtres ſelon leurs inclinations dominantes: Les Nobles & les ſçauans par l'honneur & la gloire: Les Ambitieux par les dignitez: Les Pauures & les Avares par les penſions: Les Fiers & les Amateurs de l'éclat par les Sermons & les applaudiſſemens: Les Fervens & les zelez par la reforme des mœurs: Faire paroiſtre enfin à tous une grande passion pour leurs avantages spirituels & temporels.

Ils ajoûterent à ces moyens le dessein de faire des Assemblées de Prestres, pour leur rapprendre les ceremonies des Divins Offices, l'administration des Sacremens, la vie spirituelle, le secret de diriger les consciences; & pour leur inspirer leur nouvelle doctrine mélée subtilement avec des choses si saintes & si vtiles.

Apres qu'ils eurent convenu des moyens de faire la conqueste des Ecclesiastiques, qu'ils ont tousiours estimée tres-importante, parce que non seulement le Troupeau de IESUS-CHRIST tomberoit facilement dans leurs pieges, mais encore parce que les Pasteurs estant corrompus conduiroient eux-mesmes leurs Brebis aux Loups qui cherchent à les dévorer : ils délibererent des moyens d'attirer les Laïques.

Ils crurent donc qu'ils s'insinuëroient dans l'estime *des Grands* par les predications justes, polies & commodes : par le langage doux & cultivé : par les conversations agreables & curieuses : par la reputation d'hommes sçavans dans l'Antiquité, dans les SS. Peres, dans les Maximes de la belle Morale : par les opinions éloignées de la doctrine commune, mais non tout à fait nouvelles : par mille marques d'honneur, mille bons offices rendus à propos, mille autres mesures, qu'ils pourroient prendre dans les rencontres selon le naturel & les interests de chacun d'eux ; loüant ou blasmant, approuvant ou rejettant, joüant toute sorte de personnages suivant les regles d'une complaisance achevée.

Ils furent aussi persuadez qu'ils conqueteroient asseurement *les Dames* par la modestie, & la douceur : par une maniere de prononcer jolie & un peu feminine : Par le langage juste & propre en ses termes : par les soupirs devots : par le tour & l'élevation frequente des yeux vers le Ciel : par la devotion un peu extraordinaire, exprimée en termes nouveaux : par les Livres curieusement reliez : par les Discours de la Predestination, de la Liberté, de la Grace, &c. par l'ostentation moderée & bien dissimulée, d'vn nouveau secret de conduire les ames, qui est inconnu aux autres Confesseurs & Directeurs : par les visites ménagèes selon leur humeur : par les marques d'un attachement empressé & tout pur, à leur sanctification : par le mépris, qu'ils feront comme s'ils n'y pensoient pas, des Confesseurs, des Directeurs, & des Livres Spirituels, qui ne sont pas conformes à leur conduitte : par une continuelle deferance à leurs inclinations, parce qu'elles aiment fort l'estime, l'honneur, les loüanges, & la complaisance que les hommes leur témoignent.

Quant *au peuple*, ils ne douterent pas que la modestie, les cheveux courts, les petits collets, les manchettes mediocres, les longs manteaux, les longues prieres faites souvent dans les Eglises, les augustes ceremonies des Divins Offices, les grandes aumosnes, les severes penitences, les ardentes invectives contre le relaschement de leurs premiers Directeurs : En un mot, toutes les choses exterieures qui auroient le caractere d'une grande reforme, n'eussent bien-tost son approbation, & toute la tendresse de son cœur pour les nouvelles opinions.

VI. MOYEN.

Traitter differemment avec les personnes qui ont des dispositions d'esprit differentes.

Quoyque ces moyens pris en general soient tres-bons, ils ne peuvent pourtant suffire pour toutes sortes de gens. Car les uns sont suspects d'avoir des sentimens contraires aux nouvelles opinions les autres sont simples & sinceres; les autres sont neutres, ny pour ny contre: les autres sont fervens & devots : les autres sont indevots & libertins. Ils accommoderent prudemment leur politique à ces diverses dispositions : Delà vient qu'ils se gouvernent de cette sorte.

Avec les Suspects. 1. Ils disent qu'ils ne sont point Iansenistes, & desavoüent la nouvelle Doctrine, quand ils sont avec ceux qui l'ont en horreur. 2. Ils énoncent leur opinion en des termes, qui la font paroistre presque la mesme que l'opinion commune, afin d'y amener peu-a-peu les Esprits. 3. Quand ils avoüent que Dieu donne des graces aux Réprouvez lesquelles n'ont point leur effet, ils ne disent point que c'est, ou que ce n'est point par faute de cooperation à ces graces. 4. Ils font sonner bien haut le nom de Liberté, & ne disent pas que la grace necessite la volonté: mais ils disent seulement que la grace victorieuse l'emporte doucement, sans contrainte & sans violence, ce qui est vray selon leur sens, parce qu'ils admettent vne liberté opposée seulement à la contrainte : mais leur équivoque consiste en ce qu'ils sous-entendent que la grace victorieuſe emporte la volonté par une neceſſité antecedente. 5. ils n'advancent iamais les propoſitions qui choquent, comme, Que IESUS-CHRIST n'eſt pas mort pour tous les homme : Que les Commandemens de Dieu ſont impoſſibles, &c. Mais ils ne parlent que de la Predeſtination, de la Grace Victorieuſe, &c. s'efforçant de perſuader qu'il ne s'agit que de cela. Parce que delà ils tirent facilement les autres opinions. 6 Ils témoignent eſtre gens de paix, bien faſchez du ſcandal que cauſent ces diſputes : & ils adiouſtent qu'on n'en devroit pas preſcher ny écrire de part ny d'autre.

Avec les Simples, qui n'ayant point de fonds, ne cherchent que leur ſalut. 1. D'abord ils agiſſent à peu prés comme avec les Suſpects. 2. Quand ils leur parlent, ils font attention pour découvrir les effets, qu'ils font en leurs eſprits. 3. Pour peu qu'ils reconnoiſſent en eux d'amour pour la nouveauté, ils leur donnent la doctrine comme nouvelle, du moins à l'Egliſe moderne, aux Docteurs Scholaſtiques, & meſme à quelques Conciles, depuis S. Auguſtin. 4. Ils leur donnent ou ils leur preſtent des Livres, qui inſinüent ou qui appuyent leur doctrine. 5. Ils employent les femmes & filles ſeculieres, parce qu'elles aiment le changement & la varieté, pour attirer les hommes à leurs ſentimens.

Avec les Neutres, 1. Comme avec les Suſpects. 2. Ils font couler des Ecrits ou Imprimez en leurs maiſons, afin que leur propre curioſité les porte à prendre d'eux meſmes les Inſtructions, qu'on ne pourroit pas leur donner de vive voix. 3. Ils cachent leurs opinions, pour attirer leur curiosité. 4. Avec ceux qui panchent plus de leur costé, ils se declarent ouvertement contre leurs adversaires qu'ils appellent Molinistes, & ils les traittent de Pelagiens & de Semipelagiens.

Avec les Fervens & Devots : Ils leur representent, que la solide deuotion est celle de S. Augustin, afin de leur inspirer les nouveaux dogmes : Que la principale chose qui est necessaire pour rendre agreable à Dieu une action de pieté, c'est la grace, faute de laquelle les meilleures œuvres sont pechez : Que l'orgueil corrompt souvent les meilleures actions : Que le plus grand orgueil est de croire que nous ayons aucune part aux actions de pieté que Dieu fait en nous : & que nous y puissions avoir aucun merite : Que la plus grande gloire & la plus grande vertu de l'homme, est de se tenir tellement dépendant de la grace, qu'elle fasse tout en nous & sans nous.

Avec les Indevots & les Libertins : Ils leur disent, que Dieu a determiné de toute éternité nostre salut ou nostre damnation. Que nous n'en pouvons changer l'arrest. Que les austeritez des Religieux & les mortifications gesnent, & ne servent de rien : Que le Concile de Trente, qui témoigne le contraire, n'est pas œcumenique, & n'estoit composé que de Moines : Que tous les sçavans & bons esprits sont Iansenistes. Ils leur disent ouvertement, que Dieu n'est pas mort pour tous ny pour les Reprouvez : Qu'il ne leur donne aucune grace, non pas mesme suffisante : Que toute grace est efficace : Que toute grace est efficace ou victorieuse sans aucune cooperation : Que quand on a receu une fois cette grace, c'est une grande marque de Predeſtination, & un grand ſujet de joye.

VII. MOYEN.

Eſtablir des Communautez d'Hommes & de Filles : Et entretenir de Penſionnaires cachez.

Portant plus avant leurs penſées dans l'avenir, ils jugerent ſagement qu'il n'eſt rien de plus puiſſant & de plus efficace pour donner de la durée à un deſſein deſia étably, que les Aſſemblées d'Hommes & les Communautez de Filles. Parce que la doctrine, la conduite, les mœurs, les inclinations des Premiers & des Anciens qui les ont compoſées, paſſent ſucceſſivement juſques aux derniers qui les ſuivent: comme l'experience de pluſieurs ſiecles le montre dans les Corps reguliers. C'eſt pourquoy ils ont fait couler leurs ſentimens & leurs Maximes dans une Congregation de Preſtres, qui ont bien de la peine à s'en purger: quoy qu'ils taſchent de perſuader le contraire, & dans le Monaſtere des Religieuſes du Port-royal, que l'on ne peut deſabuſer. Ils ont auſſi procuré ſous pretexte de reformer le Clergé, l'eſtabliſſement de pluſieurs Communautez de Preſtres, depuis l'an 1640. & de *Seminaires* où l'on inſtruit ceux qui doivent prendre les Ordres Sacrez. Mais parce qu'ils ont bien jugé qu'ils ne pourroient attirer à leur Doctrine tous ceux qui ſe trouveroient dans ces Aſſemblées, la plus grande partie ayant les intentions bonnes & les ſentimens Catholiques, ou n'eſtant pas capables de garder le ſecret qui eſt neceſſaire:

Ils se sont contentez d'y entretenir quelques Pensionnaires fort discrets, fideles & zelez pour leur party, afin qu'ils inspirent par une prudente dissimulation l'estime de leurs opinions particulieres, & la haine contre les Religieux leurs plus grands Adversaires. Ce qui a reüssi de telle sorte, que l'on ne void point aujourd'huy de Prestres, qui ayent vécu dans ces Communautez qui ne soient les ennemis des Reguliers. Ceux-là mesme qu'on appelle *Devots*, sont infectez de ce venin, & publient sans scrupule, *Que l'esprit de Dieu a abandonné les Religieux*. Ils ont donné avec le mesme succez des pensions à quelques Officiers & Domestiques de M. les Prelats pour les gouverner conformement à leurs desseins, & à quelques Chanoines & Dignitez des Chapitres ; à ceux qui ont les qualitez éminentes pour écrire, ou pour prescher, ou pour converser, ou pour enseigner dans les Vniversitez ou Colleges particuliers : à tous ceux enfin qui peuvent introduire leur Doctrine dans les Corps de Iustice, dans les Cours des Princes & chez les Grands. Cette conduite a merveilleusement étendu leurs erreurs, parce qu'elle est fort conforme à l'inclination des hommes, qui sont tous attachez aux biens temporels.

VIII. MOYEN.

Avoir une Bourse commune, & recueïllir de grandes aumônes, pour fournir aux frais communs.

Mais considerant qu'ils avoient besoin de prodigieuses sommes d'argent, pour payer tant

tant de penſions, & pour fournir auſſi à l'impreſſion des Livres, & aux autres frais neceſſaires; Ils reſolurent de faire contribuer les plus riches du party, comme font encore ſi heureuſement les Calviniſtes; & de tirer, de plus, toutes les aumônes qu'ils pourroient, de ceux qui s'abandonneroient à leur conduitte. Pour cét effet, ils ont recuëilly tout ce que l'Ecriture & les Peres ont de plus fort, afin de perſuader l'obligation indiſpenſable, que les riches ont de faire de grandes aumônes. Ils ont adjoûté les exemples des Saints qui ont donné tous leurs biens aux pauvres, & les avantages que les Chreſtiens, & principalement les nouveaux Convertis & Penitens, en reçoivent pour ſatisfaire la Iuſtice Divine, & pour acquerir une ſainteté extraordinaire. Ils ont expoſé avec beaucoup d'éloquence toutes les raiſons qu'ils ont peu inventer. Et parce qu'ils ont voulu ſuivant leur projet, diſpoſer de cét argent, ils ont enſeigné que les meilleures aumônes & les plus agreables à Dieu ſont celles qui ſont les plus ſecrettes. De cette maniere on leur a confié des Sommes ſi conſiderables, qu'ils ont fait juſques icy des dépenſes fort extraordinaires.

IX. MOYEN.

Avoir recours aux Apologies pour ſe défendre, & traitter mal les Adverſaires.

Leur doctrine eſtant contraire à la Foy de l'Egliſe, ils ne douterent pas qu'elle ne fuſt combattuë d'infinité de gens. Si leurs ennemis eſtoient Eveſques ou grands Seigneurs:

C

ils trouverent meilleur de se tenir alors en repos, de ne point remuer, d'agir secrétement, & de se contenter de disposer peu-a-peu les Esprits. S'ils estoient de moindre condition que les Evesques, & s'ils ne les pouvoient gagner par leurs artifices; ils estimerent qu'il leur seroit licite de faire une exacte recherche de leur vie; de les menacer de les perdre de biens & d'honneur, & d'en venir aux effects, avec prudence, & de l'advis de tous les Sectateurs déclarez. Ils jugerent enfin que si tost qu'on les auroit choquez en leur doctrine ou en leur personne, ils devoient avoir recours aux Apologies; parce qu'elles feroient deux effets avantageux, l'un de rabaisser leurs adversaires, & l'autre d'élever des trophées sur leur ruine; l'un de les attaquer en leur attribuant les erreurs des Pelagiens ou des Semipelagiens, l'autre de defendre leurs opinions.

X. MOYEN.

Ruiner la reputation & l'authorité des Religieux.

Quelques ennemis cependant qu'ils peussent avoir, ils ne s'en representerent point de plus grāds que les Religieux. Ils considererent en effet, qu'ils ont dans tous les siecles defendu avec succez la Foy Orthodoxe contre les Heretiques: Qu'ils sont interessez sur tous les Chrétiens, en la conservation de la Religion & de la Monarchie Ecclesiastique: Que cultivant les plus severes Maximes de l'Evangile & les plus éminentes Vertus du Christianisme, ils sont d'ordinaire fort zelez pour la Vraye Foy:

Qu'eftant dégagez des affaires feculieres, & ayant leur temps & leur loifir reglez pour s'occuper en l'eftude des Sciences Diuines, ils sont plus fouvent capables de repouffer les Nouveautez, que les Gens du monde: Qu'ils forment des Corps qui font immortels, qui confervent dans la fuite des fiecles le mefme Efprit, qui font enfin répandus par tout le Chriftianifme: Et de cette maniere ils peuvent prefcher & écrire en toutes langues, en tous lieux, en tous temps contre toutes fortes d'herefies: Qu'ils gouvernent les confciences de la plus grande partie des Chrétiens, qui fuivent confequemment leur advis & leur doctrine: Qu'il eft impoffible de les porter, du moins Tous, à prendre les opinions nouvelles; Les Superieurs, & les Inferieurs mefmes qui font zelez pour l'Eglife, ayant les yeux ouverts fur la conduitte & les fentimens de leurs Freres: Qu'ils ont du pouvoir dans la Cour de Rome, & auprés des Roys & des Grands, & qu'ils uniffent heureufement les Puiffances Ecclefiaftiques avec les Laïques, pour détruire les Nouveautez. De ces raifons evidentes & certaines ils conclurrent, qu'il falloit perdre neceffairement les Religieux, & ruiner fans reffource leur credit, & leurs fonctions dans l'Eglife de IESUS-CHRIST; Et que, comme ils écrivent dans leur Lettre Circulaire à Meffieurs les Difciples de S. Auguftin, *Si l'Inftituteur des Calviniftes n'eut abbatu l'orgueil des Moines, & attaqué la doctrine gefnante des œuvres de furérogation & des merites, qui font leur pain quotidien, il ne fe fût jamais étably, comme il a fait fi heureufement: ils pouvoient, de mefme, prendre la mefme routte*

Or pour achever cette entreprise, ils demeurerent d'accord, Qu'ils devoient oster aux peuples la trop grande confiance qu'ils ont aux Religieux, s'efforçant de leur persuader qu'ils ne vivent pas selon leurs Regles : Que leurs mœurs sont corrompuës : Que leur direction est pernicieuse aux Ames : Que leur doctrine est erronée sur la Predestination & la Grace : Qu'ils ont introduit dans l'Eglise les abus qui s'y commettent : Qu'ils méprisent les Curez, les Prestres, & les Parroisses : Qu'ils ont usurpé la direction des Consciences & le Ministere de la Predication, qui appartiennent aux Prestres : Qu'ils ne sont point de la Hierarchie Ecclesiastique : Qu'ils sont vains, mondains, ambitieux, vindicatifs : Que quoy qu'ils semblent se proposer dans leurs fonctions la gloire de Dieu, ils la font neanmoins consister, pour leurs interests, en des choses abominables.

Pour rendre ces moyens plus forts, ils resolurent de recueïllir, comme ils ont fait, tout ce que l'on a écrit au deshonneur des Religieux, afin de s'en servir dans les rencontres; De ruïner dans le cœur du peuple la veneration qu'ils leur portent, les qualifiant du nom de Pere ; De détruire la doctrine des merites par les œuvres de surérogation, parce qu'ils l'estiment le plus grand appuy & le principal fondement de leur subsistance ; De representer fortement aux Prestres seculiers, que tous les soins des Reguliers ne tendent qu'à les tenir dans la lie & l'opprobre du peuple ; D'unir les Prestres, afin qu'ils puissent faire Corps contre celuy des Religieux, & prendre la direction des consciences, & le Ministere des Predications, des Catechismes & des Missions; De décrier auprés des Prélats, leurs Privileges & leurs Exemptions; De semer enfin des jalousies & des divisions entre eux, pour les combattre & les vaincre par leurs propres armes.

Quelque succez neanmoins, que des moyens si prudemment imaginez pûssent leur promettre; ils se persuaderent que leurs efforts seroient inutiles, tandis que les Iesuites subsisteroient. Les raisons sont: Qu'ils enseignent presque toute la jeunesse Chrétienne: Qu'ils fournissent presque seuls, les Ordres Reguliers de Novices. Car on ne voit point sortir, de Colleges des Prestres de l'Oratoire ny d'autres, de jeunes gens pour entrer dans les Cloistres: Qu'ils enseignent si heureusement à leurs Disciples les principes de la Foy & les Veritez Catholiques, qu'il est fort difficile de les pervertir: Qu'ils ont acquis enfin par leurs Livres, par leurs Predications, par leurs Classes, par leur Direction, par leurs Missions, par tous leurs Exercices Spiritnels & Religieux, une reputation assez illustre, pour avoir le crédit de conserver les peuples dans la Doctrine Catholique. Ils adjoûterent à ces raisons, que ces Religieux font profession de combattre de toutes les manieres possibles les Heretiques, & principalement les Modernes, qui s'en trouvent encore présentement assez mal. Ce qui porta l'Abbé de S. Cyran à prononcer cét Arrest contre eux, *Qu'il est de la derniere necessité de les ruiner; si l'on veut rétablir la doctrine de S. Augustin*, c'est à dire, comme j'ay remarqué, *le Calvinisme*.

Pour parvenir à cette fin si importante pour l'accomplissement de leurs desseins: Ils ont écrit d'abord contre leurs Classes, contre leur maniere d'enseigner, contre leurs Professeurs : ils leur ont attribué le Negoce, & plusieurs choses, qui sembloient estre suffisantes, pour les rendre odieux au peuple ; Ils ont tâché d'allumer l'envie dans le cœur des autres Religieux contre eux : Ils ont blasmé le plus artificieusement du monde leurs Livres, leurs, Predicateurs, leurs Theologiens, tous leurs Auteurs, leur conversation & leur conduitte spirituelle. La fausseté pourtant de ces suppositions ayant esté bien-tost reconnuë au grand des-honneur des accusateurs, ils ont eu recours à la subtile Politique du fameux Ministre du Moulin. Cét esprit aussi riche en inventions qu'en bouffonneries, fit autrefois un recueil des opinions les moins severes des Casuistes Catholiques, pour persuader à ses Sectateurs la corruption & la mauvaise doctrine de l'Eglise Romaine. Les Iansenistes ont de mesme écrit avec un incomparable artifice contre la Morale des Iesuites : Et quoy que les Sçavans qui ont consulté les Liures de ces Religieux pour juger plus seurement de la sincerité ou des fourbes des Iansenistes, ayent découvert leur mauvaise foy & leurs étranges impostures : Toutefois les peuples ont esté persuadez dans les Villes, où ces Peres n'ont point de Maisons ny d'habitude, que leur Morale est trop relaschée & leur conduite spirituelle trop accommodante. Les Prelats mesme & les Curez, soit par envie ou autrement, ont fort aydez les Iansenistes à achever cette entreprise, & quelques-uns ne peuvent encore aujourd'huy s'empescher de faire éclatter leur hayne contre eux : Tant ces nouveaux Heretiques ont subtilement engagez dans leurs interests ceux là meſmes, qui devoient les mettre à couvert ſous leur protection, pour étouffer plus facilement les hereſies naiſſantes de Ianſenius.

XI. MOYEN.

Eluder la condamnation de leurs hereſies, par les trois Sens, & par la Queſtion du Droict & du Fait, & inſerer leur doctrine dans les Traductions de quelques Ouvrages des Saints Peres.

Comme Dieu veille inceſſamment ſur ſon Egliſe, tous les artifices des Ianſeniſtes n'ont pas empeſché que les Papes Innocent X. & Alexandre VII. n'ayent condamné leurs erreurs. Voulant ſelon leur Maxime Fondamentale, demeurer exterieurement dans la Communion des Catholiques, ils ont eſté contraints, pour éviter la force des foudres du Vatican, d'avoir recours à leurs addreſſes ordinaires. D'abord ils donnerent *trois ſens* aux propoſitions condamnées, & ſoûtinrent qu'elles n'eſtoient pas condamnées dans le ſens de Ianſenius, pour le garentir avec eux-mêmes de la tache honteuſe de l'hereſie, & pour retenir dans leur party, comme ils firent, ceux qu'ils avoient gagnez auparavant, & qui eſtoient dans les termes de les abandonner.

Mais cette premiere defenſe ayant eſté renverſée par la Conſtitution d'Alexandre VII. Ils ont propoſé fort ſagement la Queſtion *du Droit & du Fait*, & advoüant que le Pape peut juger & definir infailliblement dans le Droit les Matieres de Foy, ils ont deſavoüé ſon Infaillibilité dans les Matieres de Fait,

Deſorte qu'ils veulent bien condamner, & receuoir pour condamnées les Propoſitions entenduës ſelon leur ſens naturel, en quelque Auteur qu'elles ſe trouvent; Mais ils pretendent qu'elles ne ſont pas dans le Livre de Ianſenius, & partant que les Papes ſe ſont trompez.

Pour donner plus de force à cette ſeconde defenſe, ils ont reſſuſcité la Secte des Richeriſtes de Sorbonne, contre l'Infaillibilité du Pape en matiere de Foy, quand il s'agit du Fait: Ils ont, auſſi, tâché de rendre ſuſpecte aux Souverains & odieuſe aux Peuples, ſon autorité ſpirituelle ſur l'Egliſe vniverſelle de IESUS-CHRIST; s'efforçant de prouver par des raiſonnemens faux & trompeurs, qu'il étendroit enfin ſa ſouveraineté ſur le temporel des Roys.

Mais comme ils n'oſent préſentement défendre ny publier ouvertement leurs opinions, aprés qu'elles ont eſté ſi ſolemnellement condamnées par l'Egliſe. Ils ſe ſont adviſez par une politique bien fine, de traduire en François quelques Ouvrages de SS. Peres qui ſemblent les favoriſer, & d'y inſerer adroitement les propoſitions condamnées, afin que les Lecteurs les reçoivent ſans y faire reflexion & que ceux qui n'entendent ny le Grec ny le Latin, croyent que ces Peres ont eſté dans les ſentimens des Ianſeniſtes Le ſçavant & le iudicieux Auteur des Lettres à une Abbeſſe de Ciſteaux a découvert cette nouvelle ruſe, & previent par ſes juſtes cenſures ſes pernicieux effects

Si vous prenez la peine, Monſieur, d'obſerver avec quelque attention l'admirable Politi-

www.ingramcontent.com/pod-product-compliance
Ingram Content Group UK Ltd.
Pitfield, Milton Keynes, MK11 3LW, UK
UKHW020518180726
13839UKWH00005B/2172

9 782329 458335